sarabande

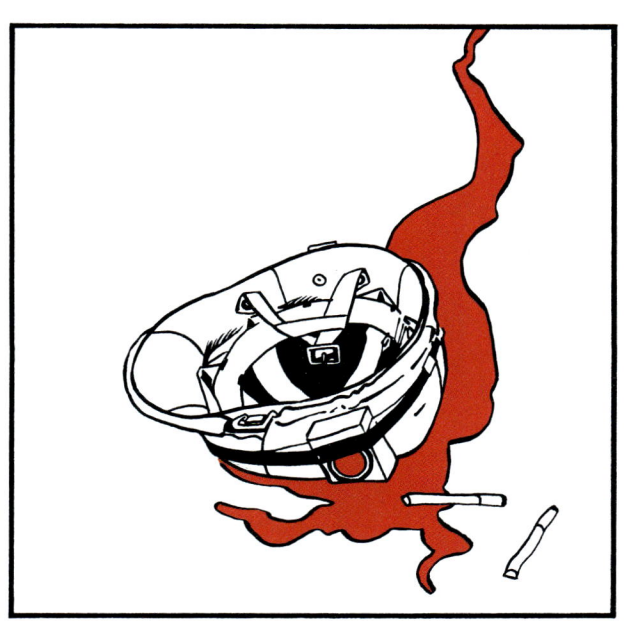

Des mêmes auteurs :

La guerre éternelle (édition intégrale) – parue chez Dupuis
Libre à jamais (trois tomes) – parus chez Dargaud

Couleurs : Bérengère Marquebreucq
Traduction : Alain De Kuyssche

Première édition

© MARVANO - HALDEMAN - EDITIONS DU LOMBARD (Dargaud-Lombard s.a.) 2005
Tous droits de reproduction, de traduction et
d'adaptation strictement réservés pour tous les pays.

D/2005/0086/39
ISBN 2-80362-059-6

Dépôt légal : janvier 2005
Imprimé en Belgique par Proost

LES EDITIONS DU LOMBARD
7, AVENUE PAUL-HENRI SPAAK - 1060 BRUXELLES - BELGIQUE

www.lelombard.com
www.polyptyque.net

...QUE LES DEUX MEURTRIERS, À L'INCITATION DU CENTRE INTERNATIONAL CONTRE LE RACISME, ONT DÉPOSÉ CONTRE LEUR VICTIME UNE PLAINTE EN DIFFAMATION.

LA PLAINTE A ÉTÉ DÉCLARÉE RECEVABLE.

ELLE A ÉTÉ REPORTÉE SUR LES PROCHES PARENTS.

Sarabande
Marvano · Jean Van Hamme

BIENVENUE A TOUS! ÇA FAIT UN BAIL...

...QUE L'AIRSKING HISTORIC GRAND PRIX A ÉTÉ COURU POUR LA DERNIÈRE FOIS DANS LES RUES DE MIAMI!

C'ÉTAIT EN 2085, IL Y A DÉJÀ DIX ANS. LE VAINQUEUR D'ALORS ÉTAIT DALLAS BARR SUR SA McLAREN M7A.

HÉLAS, DALLAS N'EST PLUS DES NÔTRES...

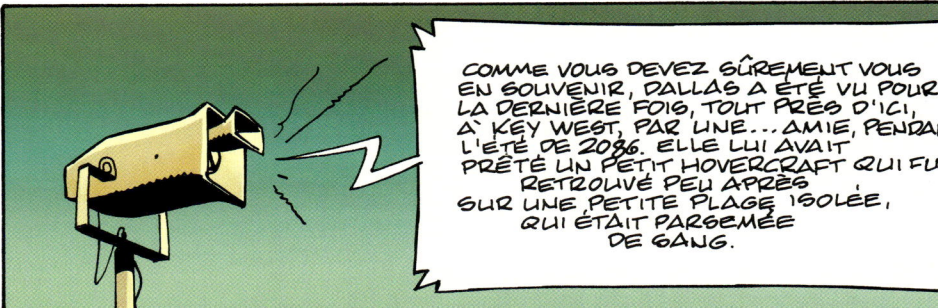

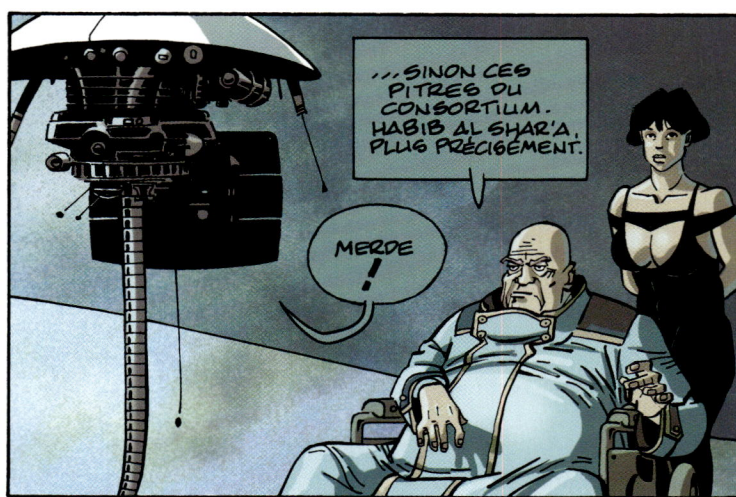

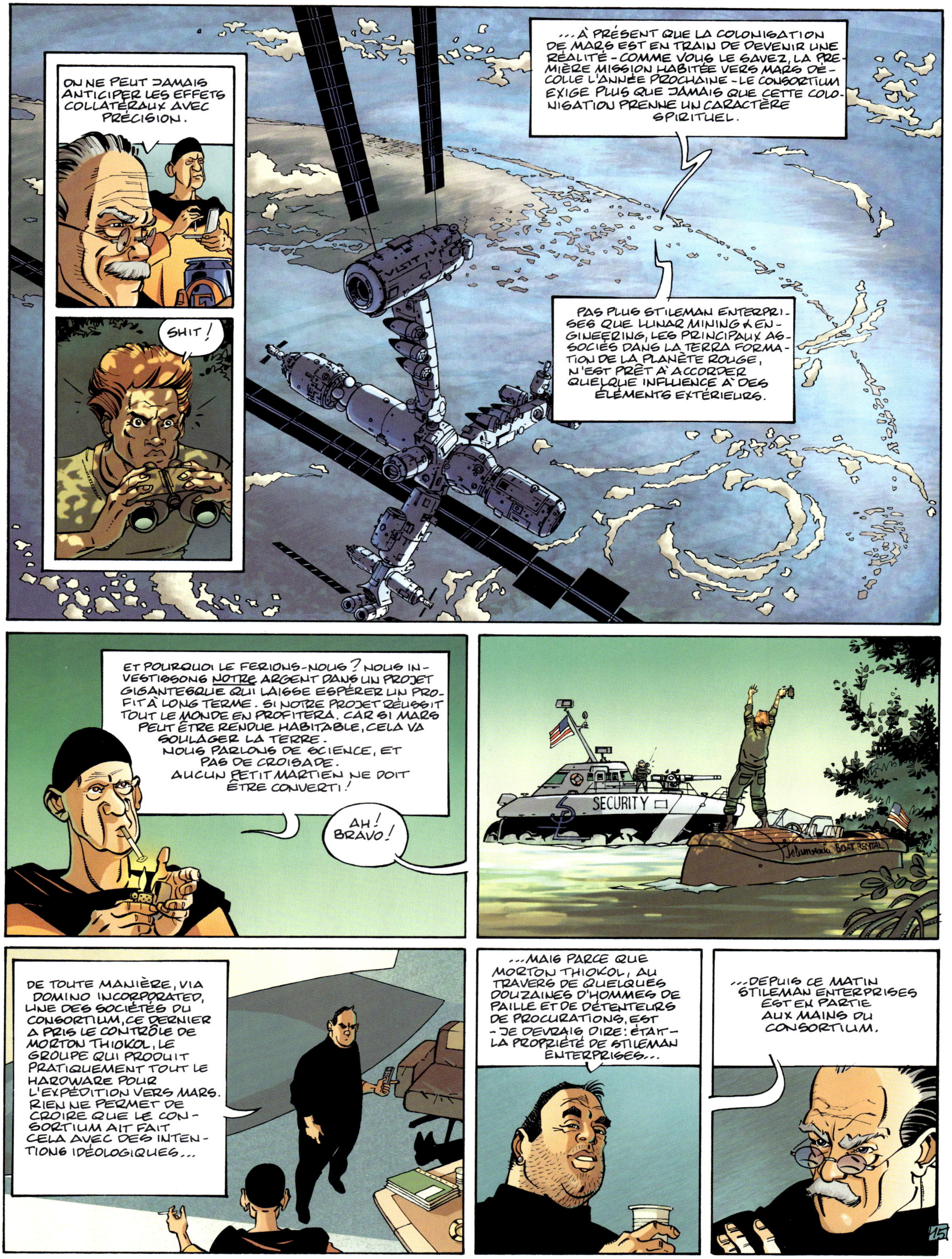

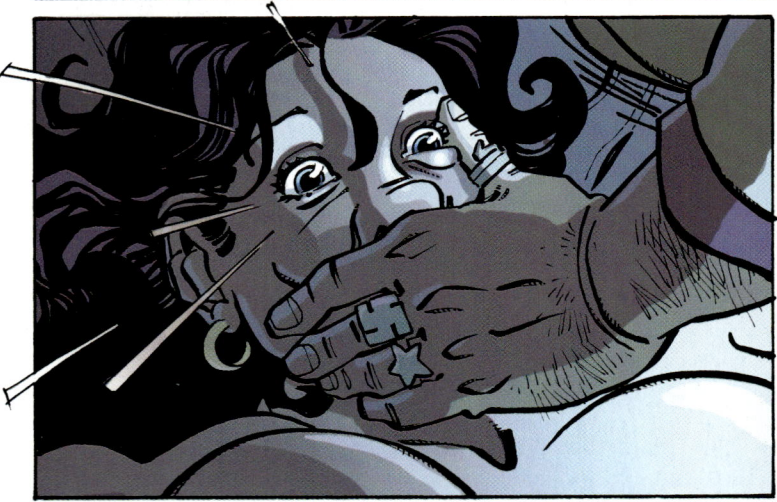

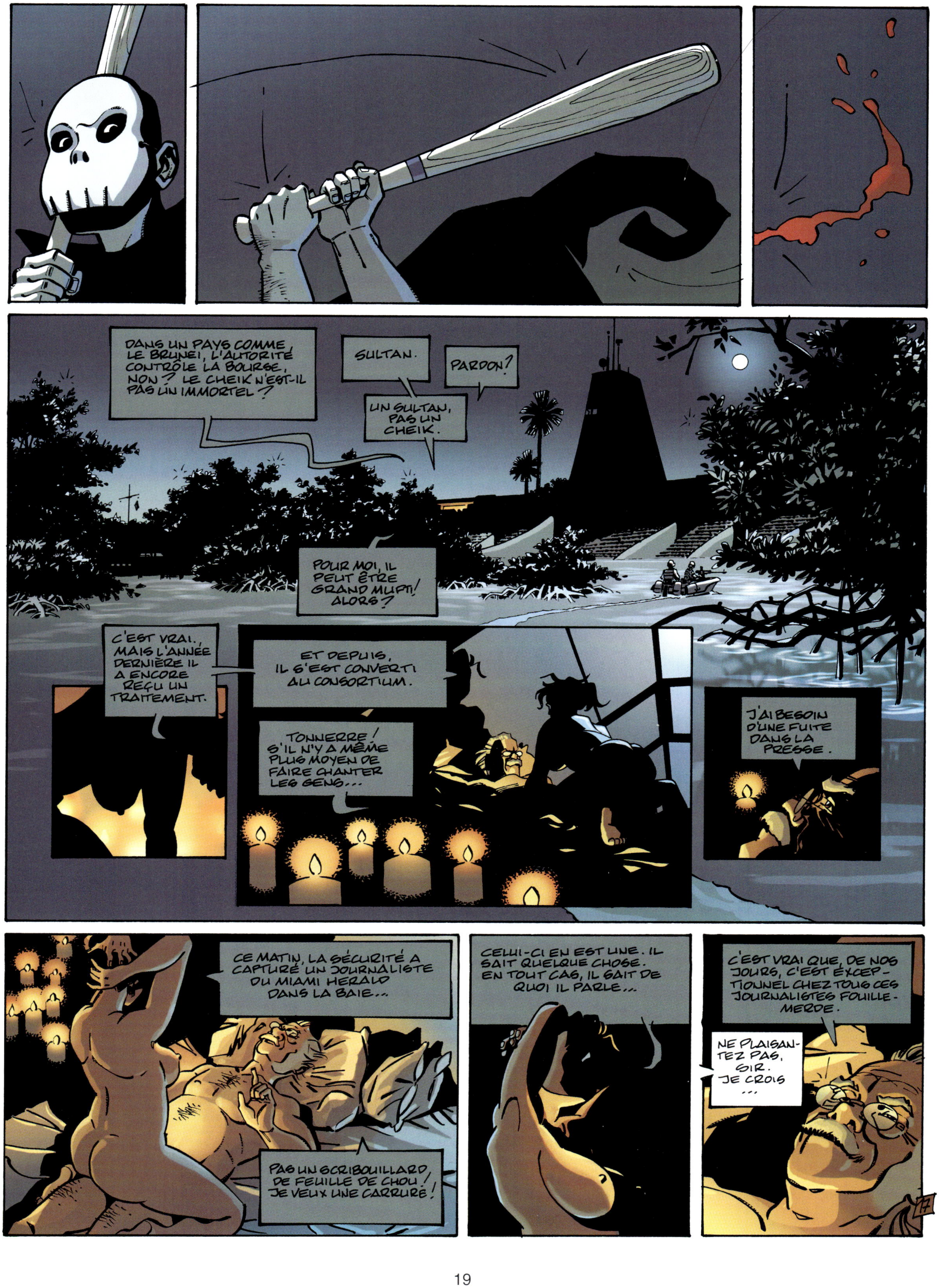

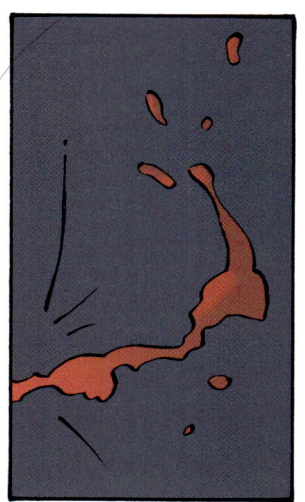

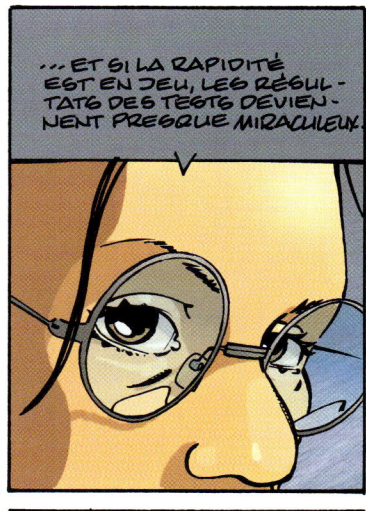

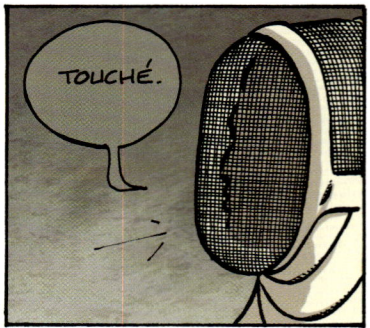

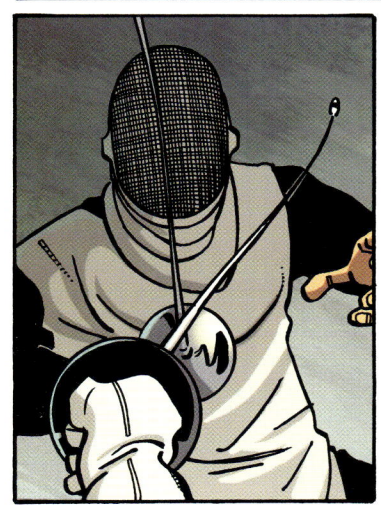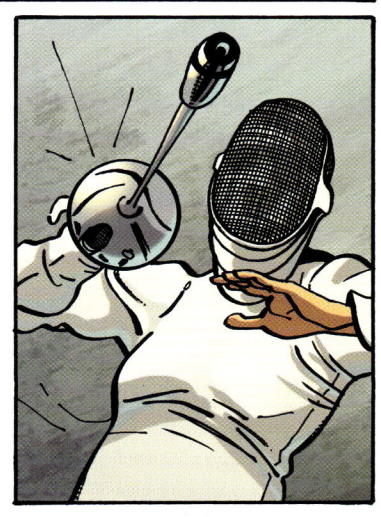

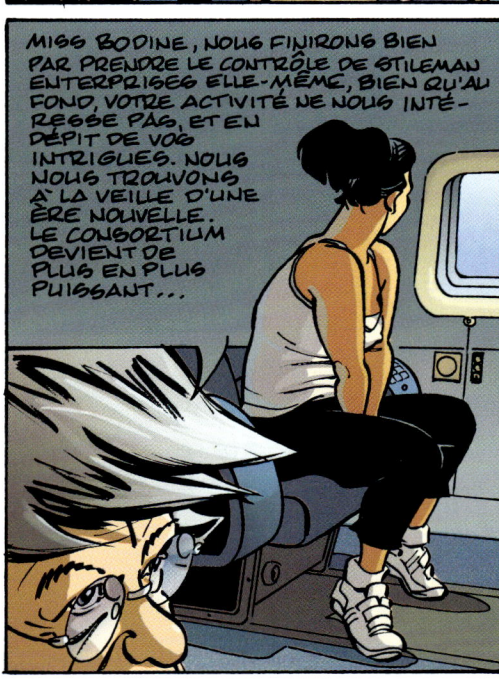

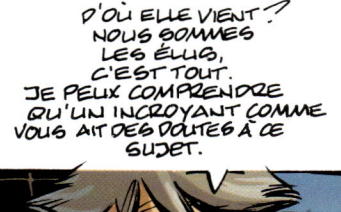

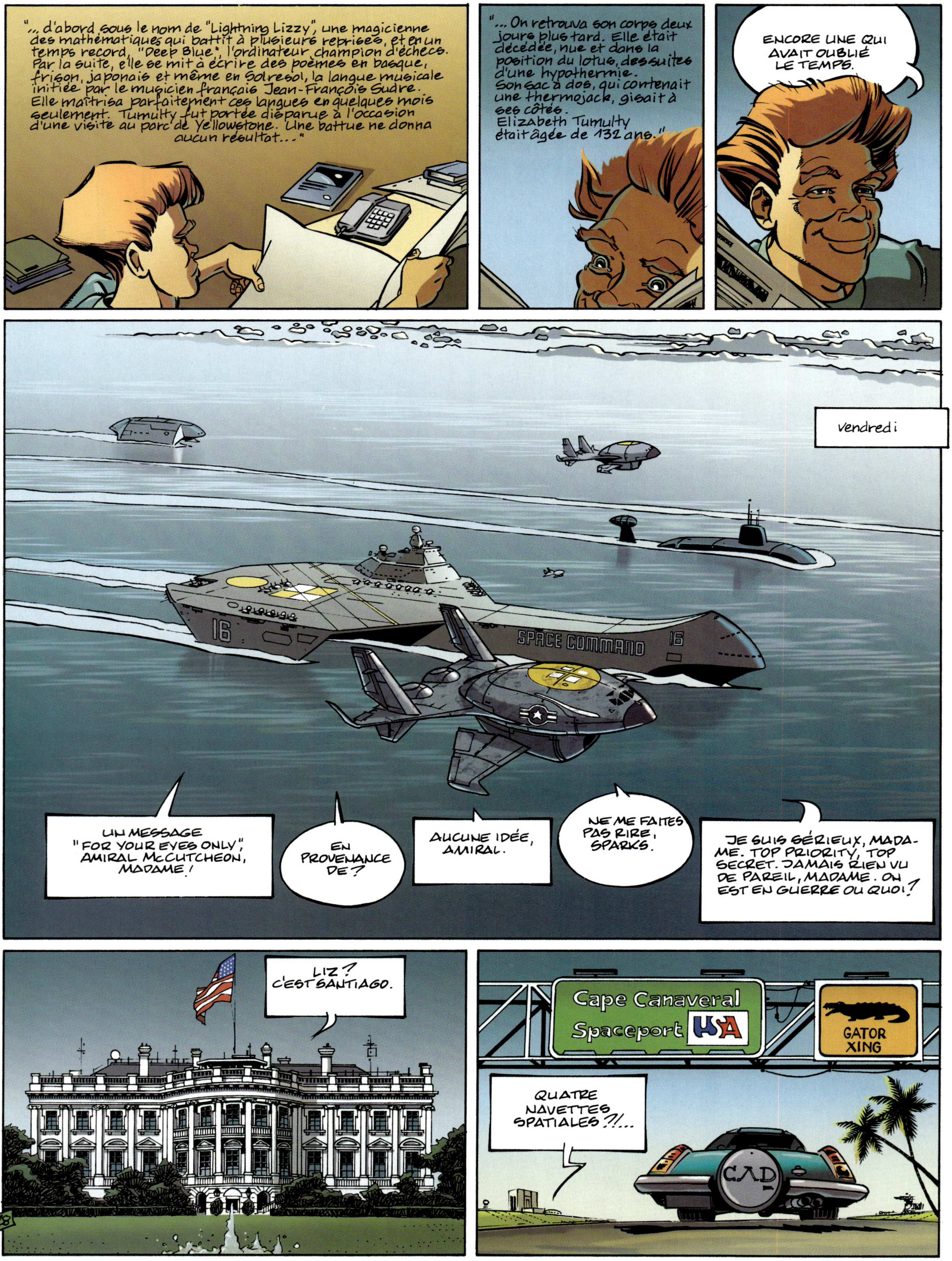

"... d'abord sous le nom de "Lightning Lizzy", une magicienne des mathématiques qui battit à plusieurs reprises, et en un temps record, "Deep Blue", l'ordinateur champion d'échecs. Par la suite, elle se mit à écrire des poèmes en basque, frison, japonais et même en Solresol, la langue musicale initiée par le musicien français Jean-François Sudre. Elle maîtrisa parfaitement ces langues en quelques mois seulement. Tumulty fut portée disparue à l'occasion d'une visite au parc de Yellowstone. Une battue ne donna aucun résultat..."

"... On retrouva son corps deux jours plus tard. Elle était décédée, nue, et dans la position du lotus, des suites d'une hypothermie. Son sac à dos, qui contenait une thermojack, gisait à ses côtés. Elizabeth Tumulty était âgée de 132 ans."

ENCORE UNE QUI AVAIT OUBLIÉ LE TEMPS.

vendredi

UN MESSAGE "FOR YOUR EYES ONLY", AMIRAL McCUTCHEON, MADAME!

EN PROVENANCE DE?

AUCUNE IDÉE, AMIRAL.

NE ME FAITES PAS RIRE, SPARKS.

JE SUIS SÉRIEUX, MADAME. TOP PRIORITY, TOP SECRET. JAMAIS RIEN VU DE PAREIL, MADAME. ON EST EN GUERRE OU QUOI?!

LIZ? C'EST SANTIAGO.

QUATRE NAVETTES SPATIALES?!...

TITUSVILLE
ATLANTIC OCEAN
ISNEY CITY
CAPE CANAVERAL AIR FORCE BASE
CAPE CANAVERAL
95
EMERGENCY ZONE
PALM BAY
LE PRÉSIDENT SANTIAGO BOESEL A DÉCLARÉ L'ESPACE SPATIAL DE LA CÔTE DE FLORIDE "ZONE D'EXCEPTION". CAP CANAVERAL A ÉTÉ PLACÉ SOUS SON AUTORITÉ DIRECTE. LE PORT DE L'ESPACE A ÉTÉ FERMÉ AU MONDE EXTÉRIEUR.
L'ENTREPRISE D'AVIATION LAUDA AIR & SPACE A DÉPOSÉ OFFICIELLEMENT UNE PLAINTE CONTRE LE GOUVERNEMENT AMÉRICAIN QUI A SAISI DEUX DE SES NAVETTES SPATIALES.
Lauda AIR SPACE
ADASTRA SPACE STATION
LAUDA EXPLOITE DES LIGNES INTERSIDÉRALES VERS LA LUNE ET VERS LA STATION SPATIALE ADASTRA, CLÉ DE VOÛTE POUR LE PROCHAIN VOYAGE VERS MARS. TOUS LES AUTRES VOLS SPATIAUX ANNONCÉS SONT SUPPRIMÉS JUSQU'À NOUVEL ORDRE.
BREAK IG
NEWS
EN DÉPIT DE CES NOUVELLES ET D'APRÈS NOS SOURCES, IL RÈGNE UNE GRANDE ACTIVITÉ AUTOUR DU CAP...
Lauda
EXCELLENCE !
33

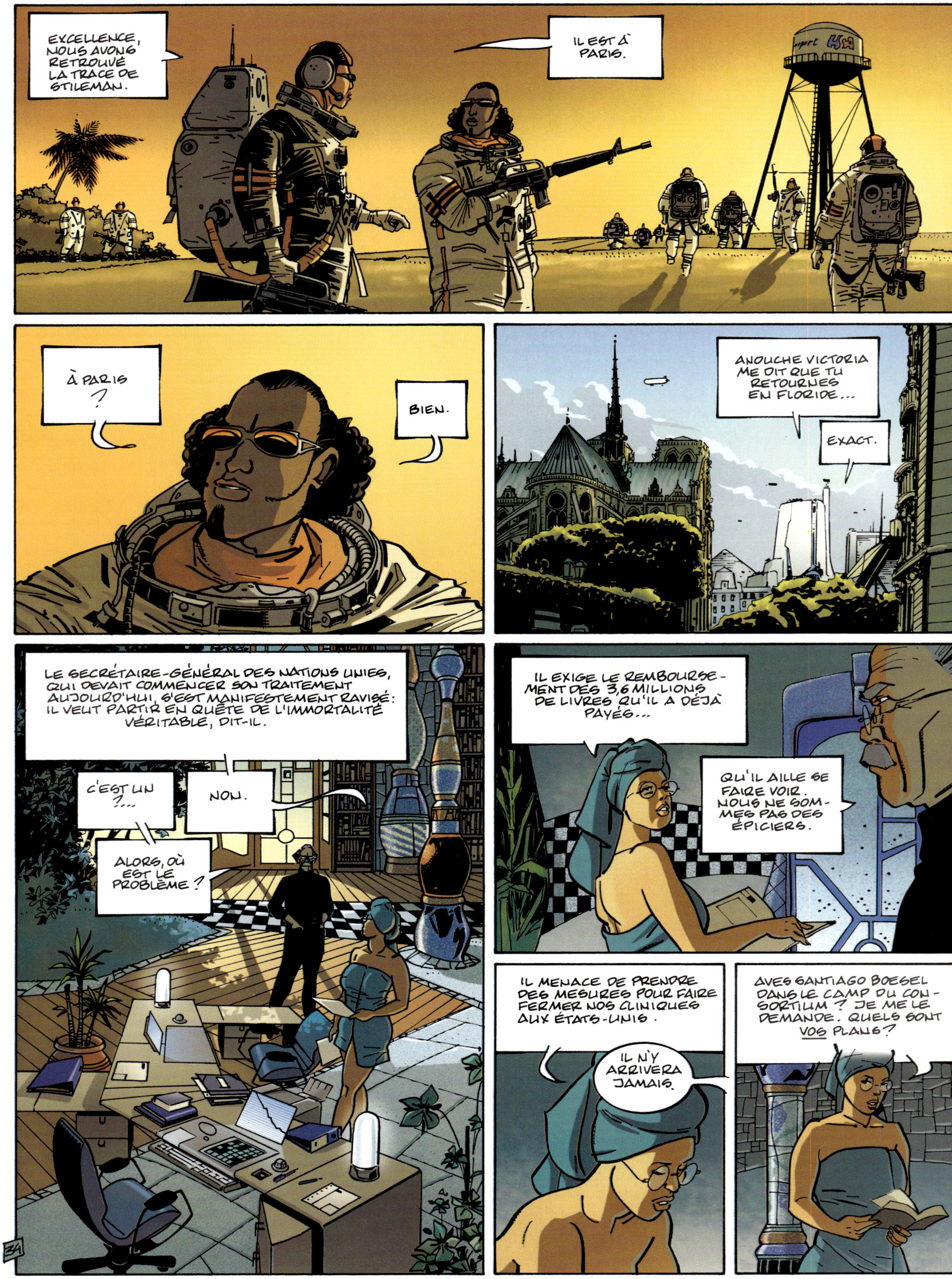
EXCELLENCE, NOUS AVONS RETROUVÉ LA TRACE DE STILEMAN.
IL EST À PARIS.
À PARIS ?
BIEN.
ANOUCHE VICTORIA ME DIT QUE TU RETOURNES EN FLORIDE...
EXACT.
LE SECRÉTAIRE-GÉNÉRAL DES NATIONS UNIES, QUI DEVAIT COMMENCER SON TRAITEMENT AUJOURD'HUI, S'EST MANIFESTEMENT RAVISÉ: IL VEUT PARTIR EN QUÊTE DE L'IMMORTALITÉ VÉRITABLE, DIT-IL.
C'EST UN ?...
NON.
ALORS, OÙ EST LE PROBLÈME ?
IL EXIGE LE REMBOURSEMENT DES 3,6 MILLIONS DE LIVRES QU'IL A DÉJÀ PAYÉS...
QU'IL AILLE SE FAIRE VOIR. NOUS NE SOMMES PAS DES ÉPICIERS.
IL MENACE DE PRENDRE DES MESURES POUR FAIRE FERMER NOS CLINIQUES AUX ÉTATS-UNIS.
IL N'Y ARRIVERA JAMAIS.
AVEC SANTIAGO BOESEL DANS LE CAMP DU CONSORTIUM ? JE ME LE DEMANDE. QUELS SONT VOS PLANS ?

— Je ne veux pas perdre Garibaldi de vue.

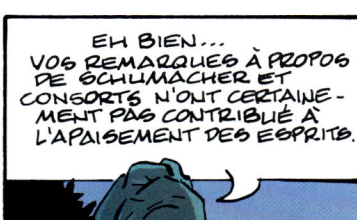

— Garibaldi ou sa fille ?

— Les deux. Il se prépare quelque chose.

— Quelque chose d'agréable ?

— À l'intérieur du consortium, je veux dire.

— Eh bien... Vos remarques à propos de Schumacher et consorts n'ont certainement pas contribué à l'apaisement des esprits.

— Garibaldi n'est pas Habib. Il est malin. Il sait parfaitement bien qu'il n'est pas la réincarnation du messie. Ses intentions sont bonnes.

— Quand même, ce n'était pas très malin comme remarque. Peut-être va-t-il établir des liens.

— Établir des liens...

— Comment se déroule l'expérience ?

— Ah. Une autre raison pour retourner en Floride.

WUP WUP WUP

DU CALME, MON GARÇON...
MÉDIC !
CALMANT !
J'ARRIVE.
STILEMAN !
LE MAJOR A BESOIN DE VOUS À LA SALLE D'OPÉRATION.
J'ARRIVE.
SIR.
AH, STILEMAN.
METTEZ VOS DOIGTS ICI...
...ET LÀ...
NE LAISSEZ PAS LE RECTUM SE REFERMER. OUI... TRÈS BIEN... CAPITAINE PIERCE !
VENEZ TERMINER LE TRAVAIL. ET DÉPÊCHEZ-VOUS : J'AI BESOIN DE VOUS À CÔTÉ. RAPIDEMENT.
STILEMAN, TU LE RECOUDS ET TU LE REFERMES.
PETITS OU GRANDS POINTS DE SUTURE, MAJOR ?
37

C'EST UN SOLDAT OU UN OFFICIER ?

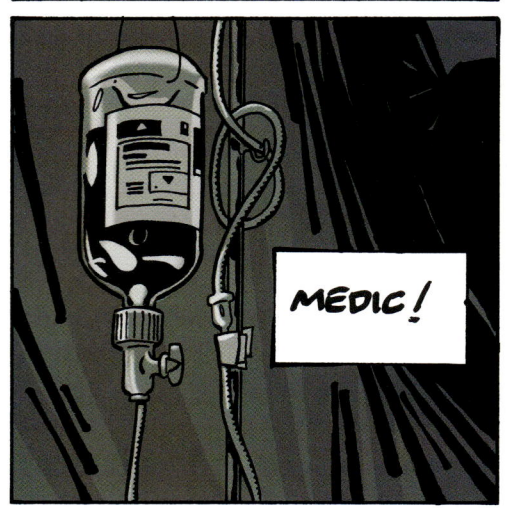

C'EST UN SOLDAT OU UN OFFICIER ?

C'EST UN SOLDAT OU UN OFFICIER ?

MEDIC !

J'ARRIVE.

ÇA SE TERMINERAIT ENFIN ?

JE ME DEMANDE DE COMBIEN DE TEMPS NOUS DISPOSONS ENCORE...

DIX

NEUF

HUIT

SEPT

SIX

CINQ

QUATRE

TROIS

DEUX

UN

!!

RUE PAUL ALBERT 8

L'été en pente douce

Je ne crois pas que ton père va se montrer très enthousiaste.

Je ne le crois pas non plus...

— Ne compte pas sur lui pour se mettre à applaudir... Mais cela ne change rien à ce que nous ressentons.
— Non.

— Je n'avais jamais ressenti ça auparavant, Julius.
— Et toi ?
— Il y a longtemps. Une fois...

— Ah, oui... j'allais oublier...
— Eh oui... avec l'âge les nouvelles expériences se font de plus en plus rares...
— Je comprends ça. Commences-tu à te lasser de la vie ? Je te demande ça, parce que...

— ...mon père dit que c'est ce qui est arrivé à ma mère.
— Ta mère ?...
— Elle est décédée quand j'avais huit ans.
— Elle, elle nous aurait compris.
— Je crois.

ELLE AVAIT UN COMPORTEMENT TRÈS " QUE SERA, SERA ".
PARLE-MOI UN PEU PLUS D'ELLE.
TOUT À L'HEURE, PEUT-ÊTRE. D'ABORD, MANGER. LE SEXE DONNE FAIM !
OU C'EST LE CONTRAIRE ? MANGER ÉVEILLE L'ENVIE DE SEXE ?
L'OCCUPATION DE LA STATION SPATIALE ADASTRA PAR LE CONSORTIUM, EST À PRÉSENT CONFIRMÉE, BIEN QUE L'ON NE SACHE PAS COMMENT SE RÉPARTISSENT LES TÂCHES DES UNS ET DES AUTRES.
LA RAISON DE CETTE OCCUPATION EST, SELON LE CONSORTIUM, LA DÉVALORISATION DES ACTIONS STILEMAN QU'IL AVAIT ACQUISES. D'APRÈS UN EXPLOIT D'HUISSIER, LE CONSORTIUM A FAIT SAISIR DES BIENS MOBILIERS...
...CORRESPONDANT, DANS LES GRANDES LIGNES, À LA VALEUR DE LA PERTE ENCOURUE.
SPACE PIRACY
STILEMAN ENTERPRISES PARLE DE PIRATERIE. DANS LES TOUTES PROCHAINES HEURES, LE PATRON DU CONSORTIUM, HABIB AL SHAR'A, FERA UNE DÉCLARATION EN DIRECT SUR NOTRE CHAÎNE. RESTEZ AVEC NOUS !

- ILS SE SONT RENCONTRÉS IL Y A SEULEMENT DEUX HEURES.
- VOUS PENSEZ QUE CE TYPE A DE LA VEINE. EN FAIT... PAS VRAIMENT...
- OH, FLÛTE ! TURNER FLYVISION... JE PENSAIS QU'ILS N'AVAIENT CES FICHUES MACHINES QU'À NEW YORK ET À BERLIN...
- JULIUS, AU NOM DU CIEL, QUE FAIS-TU ?!
- ELLE A LE SIDA X DANS DEUX MOIS, IL SERA MORT.
- TU DOIS VOIR ÇA....
- SI TU PAIES, NOUS NE NOUS DÉBARRASSERONS JAMAIS DE CE TRUC !
- ELLE VA MOURIR AUSSI, COMME TOUS CEUX QUI, AVEC ELLE,...
- BAH... MAIS SI.
- UNE PROTECTION ÉLECTROSTATIQUE SUPER FINE.
- AIRSKINS !
- ...GARANTIT DE VOUS SAUVER LA VIE...
- ...À MOINS QUE SON MARI N'ARRIVE À L'IMPROVISTE. LÀ, VOUS VOUS DÉBROUILLEZ TOUT SEUL.
- ...À MOINS QUE SON MARI N'ARRIVE À L'IMPROVISTE. LÀ, VOUS VOUS DÉBROUILLEZ TOUT SEUL.
- OK....C'EST QUOI, L'HISTOIRE ? ET QUI EST LE CHAUVE SEXY ?

AH... SOUVENIRS, SOUVENIRS... À LA SANTÉ DES VIEUX AMIS...

JULIUS!!

Ju....

J....

♪ ♫ ♪ ♫
♪ AND IT'S ONE ♪
TWO THREE
WHAT'RE WE FIGHTIN' FOR
?....

♪ Don't ask me if I give a damn ♪

♪ Next stop is Vee-Yet-Nam ♪

Country Joe and the Fish!

Pardon?

Cette chanson... "And it's one, two, three, what're we fighting for"... Le groupe s'appelait Country Joe and the Fish!

♪ Airskins ♪ Trente dollars le coup! Mais en toute sécurité! ♪ ♪

Vous êtes sur Turner Worldnews, présenté par Chacha Muldowney...

Restez où vous êtes, s'il vous plaît...

Il n'y a rien à faire... Je suis docteur...

Cet homme est mort. Complètement mort.

Julius?...

JULIUS!

« L'INFO EN PROFONDEUR, EN DIRECT DE LA FLORIDE ET DE NEW YORK. TURNER NEWS VOUS LA DONNE EN PRIMEUR ! CHACHA ? »

« SUR ORDRE DU PROCUREUR GÉNÉRAL DENT, LES SCELLÉS ONT ÉTÉ POSÉS, VOICI QUELQUES MINUTES, SUR LES ACCÈS À LA CLINIQUE STILEMAN DE NEW YORK. LE TRIBUNAL SE REFUSE À TOUT COMMENTAIRE. NOUS AVONS MAINTENANT UN DIRECT AVEC LA FLORIDE... »

SUITE ET FIN DANS

La Dernière Valse

« ...OÙ LORD JULIUS STILEMAN EN PERSONNE VA FAIRE UNE DÉCLARATION DEVANT LA PRESSE RASSEMBLÉE ICI. »

?!

« RESTEZ AVEC NOUS ! »

Polyptyque n.m. (gr. ptux, ptukhos, pli)
Ensemble de panneaux peints ou sculptés liés entre eux et comprenant en général des volets qui peuvent se replier sur une partie centrale.
(Le Larousse)

Polyptyque n.m. (1721, adj.; lat.polyptychon, mot gr., de ptux, ptukhos « pli »)
Arts. Tableau d'autel, peinture à plusieurs volets.
(Le Robert)

Polyptyque n.m. (ancien nom commun masculin devenu nom propre en 2003)
Nom d'une collection rassemblant des séries de bandes dessinées ado-adultes de genres variés dont le nombre d'albums est déterminé au départ.
◆ *« Cette nouvelle série est prévue en sept tomes pour la Collection Polyptyque.»*
(Le Lombard)